Emma, es bressiert!

Ulrichsteiner Bücherei, Band 37

Emma, es bressiert!

Gedichte in hessischer Mundart
von Lutz Dönges
alias Hieronymus Caesar

Karl Brodhäcker-Verlag

ISBN 3-922635-31-8

Umschlaggestaltung: Jürgen Schäfer, unter Verwendung einer Zeichnung von Franz Ewert, beide Dorlar.
Druck: F. Ehrenklau, Lauterbach.

Anstatt eines Vorwortes

Als unn als

Wer uff sein Dichterruhm hat acht,
unn als unn als Gedichte macht,
hat als unn als auch Schererei
mit sei'm Verlejer dadebei:

„Ei, kenne Sie dann sonst nix dreiwe,
als wie nur als unn als zu schreiwe . . .?
Sie komme als unn als gelaufe,
ich mecht mir als die Haare raufe,

wenn ich Sie alsfort komme seh!
Ihr Anblick duud mir alsmal weh!"
Ich denk als: „Danke, ewefalls,
unn schreib als weider! Als unn als . . .!"

Wer mich „Ihr’t“

Zou frimde Leu’ do saa’ mir häi,
wann mir met dene schwätze, „Säi“,
weil mir jo weasse, woas sich scheckt.
Drim wärd sich häi so ausgedreckt.

Zou Freunde saa’ mir immer schuu
– doas eaß jo iwwerall so – „Du“,
wubei die aale Rejel gelt,
deäß sich’s met ‚du‘ aach besser schelt.

Die Oo’reed ean de dreatt Person
eaß so e Oart verdiente Lohn.
Met „Ihr“, moal annersch ausgedreckt,
bezeugt m’r Achding eann Respekt,

viellaichd aach noch e bessie Scheu,
hauptsächlich veer de aale Leu’.
Aich hoffe doch, deäß du etz wääßt,
woas „. . . wer mich ‚Ihr’t‘, der ehrt mich“ hääßt!

D'oanne eann d'owe

„Woas reußt du dann d'owe,
du narriger Koanne . . .?"
„Aich siche mein Glowe!
Eaß der viellaichd d'oanne . . .?"

„Woas gout offgehowe,
wärd schläächt oft gefoanne,
ob d'oanne, ob d'owe,
ob d'owe, ob d'oanne!

Komm roabb etz voo' d'owe!
Aich huu mich besoanne!
Du dirfst maich aach lowe!
Dein Glowe leit d'oanne!

Wer woar dann do do?

„Etz saa' mir moal, Bettche,
wer woar dann do do . . .?"
„D's Hannmellersch Nettche!"
„De Doag fingt gout oo"!

„Seält hott'se geseässe
haut froih ean de Eck
eann hott eäbbes geässe.
Die Weck sei all weck!"

„Woas sei doas fier Muure . . .?"
„Ach, scheäll mich nit, Kall!
Zum Froihsteck dei Bruure
sei aach etz all all!"

Deann eann daus

Aich mach mich dann ’neann,
eann du bleibst do daus;
dann sein aich do deann,
eann du beast do daus.

Mächst du dich dann ’neann,
dann mach aich mich ’naus;
dann beast du do deann,
eann aich sei do daus.

Der do, däi do, doas do

Woas der do eann däi do
bei Doag eann Noacht dreiwe,
doas leßt sich met doas do
om beste beschreiwe.

Doch woas sich bei doas do
all däi do dou denke,
muß den do eann däi do,
fui, Deuwel, oarg krenke!

Der, die, das Mensch

Es gibt hier manche - seh ich's recht? -
die duu'n sich schwer mit d'm Geschlecht.
Die sähe - las ich widderholt -
am liebste alles umgepolt!

„Der" Mensch heißt's, seit die Welt besteht!
Unn wer hier am Geschlechtswort dreht,
weil m'r d's männliche net mag,
kann drehe bis zum Jingste Daag!

Der Homo sapiens iß unn war
seit Adams Zeite männlich, klar?
Denn Adam heißt ja iwwersetzt
„der Mensch". Wer fiehlt sich da verletzt?

Dann kam die Frau, die Eva hieß
unn in de Appel beiße ließ.
Seitdem gibt's zwei Geschlechter, gell?
Das ännert sich auch net so schnell!

Die Mensche stellt, das iß ja klar,
von einzelne die Mehrzahl dar.
Iß Mensch als Gattung maskulin,
so iß de Plural feminin.

Das Mensch (als Neutrum?) gibt's hier auch
im allgemeinen Sprachgebrauch.
(Was das zum Ausdruck bringe will,
dadriwwer schweig ich liewer still!)

Ihr seht, es gleicht sich alles aus.
Da beißt kein Fade ab die Maus!
Drum bleibt mal schee beim Status quo,
das iß gewiß am beste so!

Bestußt?

Woas, Schuster-Louis, du host kee Fraa?
Doas haa'n aich fier bestußt!
Do kann dir jo kee Mensch nit saa',
woas du all mache mußt!

Ernas Wunsch-Rezept

Die Erna will die Pille huu.
Ähr Doggder staunt: „Was, Erna, d-u-u-?
Bist doch erst fünfzehn, wie ich weiß!“
Häidroff gestitt die Erna leis:

„Herr Doggder, denke aich zereck,
hatt aich beaß etz schuu zwää Johr Gleck!
Doch wääß de Deuwel, ob’s so bleibt,
wann mir keen Doggder woas verschreibt!“

Dere ährer

Woas „dem sei'" häääßt eann „dere ährer",
wärd häi moal festgestaalt.
Maich leßt als Dialekt-Vedrääerer
doas Thema jo nit kaalt.

Drim will aich etz als Iwwersetzer
ganz ausnohmsweis fungier'n,
eann hoffe, deäß däi Viernehmschwätzer
d's folgende kabier'n:

„Dem sei'", doas eaß e weiblich Weäse,
sei' Schätzi, Braut eann Fraa,
eann owedrean en „rauhe Beäse".
(Deed m'r soast „dem sei'" saa'?)

Mir wärd naut annersch iwwrig bleiwe
- soast droht mir de Verreaß -
als „dere ährer" zou beschreiwe,
woas jo e Mannsbeld eaß!

Gieh aich moal, wäi ean aale Zeire,
spazier'n met meiner Fraa,
dou all däi, däi maich nit kenn' leire,
guck, „dere ährer" saa'!

D's Maul gespetzt eann aach gepeaffe
huun aich, ihr weaßt Beschääd.
Wer mei' Erkleering nit begreaffe,
der dout mir richdig lääd!

Fall einer Jungfrau

Die lerig Elsbeth kritt e Keand.
Konnt däi doas nit vermeire . . .?
Ja, saa' die Leu', die Läib mächt bleand!
So woar'sch zou alle Zeire!

Egal, wäi sich däi Sach verhält,
freut sich de Schumanns Decke:
wann so e Jungfraa erscht moal fällt,
dann mierschdens off de Recke!

Liebes-Schwüre

D'm Kräurer-Hannes wurd sei Braut
om Sonndoag kirchlich oo'gedraut.
Beim Heemgang eann aach schuu devier,
ergeng de Hannes sich ean Schwier:

„Mei' Herzblout, soißes, loß dir saa',
allzeit will aich off Henn dich draa'!
Oo' naut soll dir'sch eam Leäwe feh'n!
Du deäd'st de räächte Mann schuu weh'n!

Mei Schnuggelche, mei Aagestern!
Aich huu dich iwwer alles gern!
Woas aach eam Leäwe moag gescheh . . .,
nie will aich dich als Witwe seh!"

Nit im's Verrecke!

Wääßt'des schuu, Nettche . . .?
Käspersch Babettche
leßt sich vom decke
Schuster-Hans drecke!

Ei, däi Babette!
Eaß däi ze rette . . .?
Will met dem Glowe
goar sich verlowe . . .?

Woar däi met zwanzig
doch schuu räächt ranzig,
wirkt däi met vierzig
aach nit groad wirzig!

Bleabb Hans, der dreiste,
doch bei sei'm Leiste,
der aalt Krakeeler,
Lieje-Verzehler!

Waos dout der feanne
voanne eann heanne
oo' der Fregatte,
flach wäi e Latte . . .?

Eaß doas ze fasse . . .?
Däi zwie, däi basse,
richdig genomme,
doch nit zesomme!

Deedst du so Sache
wäi däi do mache . . .?
Dout sich doas schecke . . .?
Nit im's Verrecke!

Mir bleawwe sterig
all däi Johr lerig!
Winn m'rsch aach bleiwe . . .?
Naut iwwerdreiwe!

Moal oo'genomme,
de Hans deed komme,
deed'sten fortschecke . . .?
Nit im's Verrecke!

Hichste Zeit!

D'm Birjermeestersch Hans sei Braut,
die Anna, hott Geburzdoag haut.
Huuch her gitt's bei der Feierei;
viel Gradulande sei debei.

Gesangverein eann Feuerwiehr,
däi geäwwe Anna aach die Iehr.
M'r muß oo' Ort eann Stelle sei,
wann Speise eann Gedrenke frei!

D's Stimmings-Barometer stitt
schuu huuch, wäi's bei so Feste gitt,
do freegt en Mann voo' auswärts laut:
„Wäi aald wärd eijendlich die Braut . . .?"

Die Anna gebt ean aller Rouh,
doch oarg verlääje, „dreißig" zou.
Der Mann guckt grinsend off die Seit
eann sääd: „Doas woar aach hichste Zeit!"

Nit oo'gedoo'

De Kannemächer lamendiert:
„Etz eil dich, Emma, es bressiert!
Knapp sei mir met de Zeit schuu droo',
eann du beast noch nit oo'gedoo'!

Dei Treedelei mächt mich ganz krank!
Du stißt veer'm Spiejel, reußt eam Schank
eann doust, als hättst'de Zeit beaß moann!
So langsam packt mich doch de Zoann!

Aich huu mich lengst schuu firdig oo'!
Woarim beast du nit oo'gedoo' . . .?"
„Du Nörjelhannes! Schwei' bluuß stell!
Dei Drengelei mächt mich noch well!

Du wääßt, aich huu naut oo'zeduu'!
Veer langem saad aich dir doas schuu'!
Mei' Feehncher sei naut mieh modern!
Däi Eansicht leit dir oawwer fern!

Du denkst ganz nichdern eann ganz kaalt:
Doas eaß noch lang gout fier mei' Aalt!
Aich gieh doomet nit aus d'm Haus!
Do lache jo die Leu' mich aus!"

„Läib Fraa, aich kann dich gout verstieh!
Du sollst jo nit groad nackig gieh!
Drim mach aich dir en Veerschloag schneäll:
Du hillst dich schwinn ean Schweije, geäll?!?“

Aach gout!

De Schneirer will’s d’m Lehrbub weise,
eann wirft nooch dem memm Biejeleise.
Der oawwer dout sich hurdig becke
eann schwinn sich innern Desch verdrecke.

De Fraa vom Meester kimmt degääje
d’s Eise oo’ de Kopp gefläje.
Aach gout, brommt do de zornig Schneirer,
eann neht dann ganz zefrirre weirer!

Geäldbeul met Kropp

Die Bambert's Liese horr'en Hals,
no ja, en bessie decke.
Die Liese dout sich jerenfalls
gout ean doas Merkmoal schecke.

Soast eaß däi Jungfer ganz adrett,
eaß roandim gout gewoase,
eaß nit ze dinn eann nit ze fett,
goar niedlich eaß die Noase.

Weil iwwerall de Lack noch droo',
deed Liese, streng genomme,
met blondem Hoor eann Aage bloo,
gloatt durch de TÜV noch komme!

Wann der besaa'te Hals nit weer,
met dem'se do beloare,
dann keem geweaß e ganz gruuß Heer
voo' Hoiroats-Kandidoare!

Den Aujust deed'se indressier'n,
der aus de Neeh voo' Gäiße.
Den deed ähr Hals aach nit schenier'n.
Doch wäi sich etz entschläiße . . .?

„Ja, hott ähr Geäldbeul aach an Kropp,
do gebt's nit viel ze freeje!
Dann will aich gern eam Sau-Galopp
die Sach mir iwwerleeje!"

Woarim? Doarim!

Woarim kritt's weibliche Geschlecht
kee Backebärt . . .? Doas queelt mich echt!
Eaß doas e Laune der Natur . . .?
Nee, nee, ihr Läiwe, nit die Spur!

Däi Sach hott en plausible Groand:
Die Weibsleu', dou aich gern häi koand,
fiehr'n als ähr Mäulcher flink spazier'n!
Wer sellt doobei die Bärt rasier'n . . .?

Fui, dankeschie!

De Jakob eaß moal wirrer voll.
En Zoustaand, der nit gout sei soll,
besonnersch, wann m'r dann zoum Schluß
off alle Väijer kroawwen muß.

Die Freunde saa': „Der eaß so bloo',
der kimmt doch so deheem nit oo'.
Zoum Laafe hott der nit die Kraft;
der wärd memm Schubkärrn heemgeschafft!

Wann mir debei sei, eaß sei Aalt
bei de Begrießing nit so kaalt!"
Säi packe'nen bei Ärm eann Bee'
eann heemwärts gitt's met viel juchhee,

met Bossereiße eann Gesang
eann Hü eann Hott die Goß entlang.
Kaum oawwer haale'se veer'm Haus,
kimmt aach schuu Jakobs Fraa eraus.

Däi kreischt met wohrer Donnersteamm
die Mannsleu' oo': „Doas eaß jo schleamm!
Ihr Leu', wer jemoals oo' mich denkt,
eann mir e fettig Wirschtsopp schenkt,

eann hott'se seälbst noch hergetraat,
kritt dreimoal ‚dankeschie' gesaat!
Ihr brengt e Sau! Do legt'se hie,
eann aich saa' bluuß ‚fui, dankeschie'!"

Memm Haawaa'

De Gustav lenkt en Waa' voll Haa
noch schwinn veer d'm Gewirrer heem.
Voo' owe roabb do kreischt sei Fraa:
„Mann, baß doch oacht! Do komme Beem!"

„Ach, Fraa, du mächst die Gäul bluuß well!
Merk: Wer die Moacht hott, der regiert!
Hier endlich off met dei'm Gebrell!
Bluuß, wer die Beutsche hott, der fiehrt!"

Soiß eann sauer

De Hans freegt de Peter:
„Kannst du mir moal saa',
wäi stitt's Barometer
deheem bei de Fraa . . .?

Du stißt schläächt eam Fourer,
wirkst krenklich eann blaß!
Dir mächt woall, mei Gourer,
die Ehe keen Spaß . . .?

Du deädst Lisbeth lowe
als soiß, goldig Steck!
Gestieh! Eaß zerstowe
d's oo'fenglich Gleck . . .?"

„Ach, Hans, aich saa's offe,
do huu'n aich geproahlt!
Woas soiß wärd gesoffe,
wärd sauer bezoahlt!"

De Mann eann die Wirscht

Die Lampes huu beim Eässe
en schiene Doag geseässe.
Do woar do Nochber komme,
hott aach glaich Platz genomme,

winscht Abbeditt, en schiene,
eann saad met saurer Miene:
„Doud sich fier däi Borzione
voo' Wirscht d's Eässe lohne . . .?

Im's groadrim auszedrecke:
Mir deere däi nit schecke!
Däi muß m'r, aich deed fluche,
jo met de Lupe suche!"

Die Hausfraa saad: „Dou schweije!
Doas doud om Mann bluuß leije!
So, wäi de Mann geroore,
wärd aach die Wirscht gebroore!"

Memm Pullschäbber

De Konroad stitt beim Petscheloch
memm Schäbber ean de Henn.
Hee denkt: e bessie woatt aich noch,
die Sonn, däi dout so brenn'!

De best dou aich mich annersch oo',
weil m'r sich laichd häi spretzt,
eann hinnerher, doas wääß m'r jo,
d's best Parfiem naut netzt!

De Konroad stitt beim Petscheloch,
dout weirer semelier'n.
Hee denkt: e bessie woatt aich noch,
aich kennt mich erscht rasier'n!

Memm Rest voo' Sääfe eam Gesicht
denkst's freschrasierte Steck:
Pullschäbbe weer jo etz mei' Pflicht!
Aich stenn's nochmoal zereck!

Wuu sei mei' Gummistiwwen hie . . .?
Wuu huun aich däi verloann . . .?
Ean Turnschouh kann aich häi nit stieh!
Glaich packt maich etz de Zoann!

Ach, ja, däi huun aich jo d'm Kaus
die veerig Woch verliehnt!
Etz mach aich erscht moal Froihsteckspaus,
däi huun aich mir verdient!

De Deckwurz-Gustav kimmt verbei
eann freegt: „Woas stist'de dann
noch rim bei dere Sauerei . . .?
Beweek dich endlich, Mann!"

„Nee, nee, solang noch stinkt däi Broih,
loß aich däi hibsch ean Rouh!
Aich mach mir läiwer moann däi Moih!
Hau' bleibt d's Pull-Loch zou!"

Beim Melken

Die Rosa, Rupperts Kall sei Kouh,
hält bei de Melkerei kee Rouh.
Hee hockt, d's Melkfett ean de Haand,
om Schemel zweschich Kouh eann Waand.

Säi fuchdelt merr'em Schwanz erimm
eann tritt de Eemer beinoh im,
wubei'se aach noch alsfort „m-u-u-h-t".
Do packt ies Melker doch die Wut:

„Gewirreroas, haal endlich stell!
Du regst mich off met dei'm Gebrell!
Mächst du nit Schluß met dem Krawall,
dann fläije Härner durch de Stall!"

Simulant

D'm Bauer Kromm sei' Knäächt eaß aalt,
drim wärd en naue eangestaalt.
Wäi wärd, däi Froog stellt sich debei,
de Kromm met dem zefrirre sei . . .?

De Nochber, der veer Nauschier brennt,
eann sich met Noome Strackbee' nennt,
sääd drim nooch zirka siwwe Doag
veer'm Haus zoum Kromm: „Gewirrerschloag!

Der Naue gebt sich oawwer Moih!
Der werkelt schuu ean aller Froih!
Aach off de Imgang merr'em Vieh
dout der sich, wäi m'r sieht, verstieh!"

Ganz ärjerlich meent do de Kromm:
„Woas wääßt dann du . . .? Schwätz nit so domm!
Wem's bei de Ärwet so bressiert,
dem drau aich nit, der simeliert!"

Har erim!

De Ludwig fiehrt eam Zuckelgang
met seiner Kouh de Wisse lang.
Hee hott beim Waald e klee Gewann;
do mächt'e naus met sei'm Gespann.

Om Wääk leit räächts en Äcker Klie.
Kann do e Reandvieh wirrerstieh . . .?
Der Doft eaß zou verlockend doch!
Wäi schneäll vergeßt m'r do sei Joch!

Weshalb, vom Kliegeruch bestimmt,
die Foahrt e anner Richding nimmt.
D'm Kutscher baßt doas freilich nit,
wäi doas off eemoal seitwärts gitt!

Eann Ludwig, weil die Kouh nit spurt,
kreischt: „Har erim, du Mißgeburt!
Du beast groad wäi mei Fraa, wääß Goatt!
Will aich nooch har, zäiht däi nooch hoatt!“

Vorbei

De Käsper eaß om Semelier'n;
sein Oass soll aus'm Haus.
De Metzger dout sich indressier'n.
De Käsper sääd groad' raus:

Wann aich mir alles so bedroacht,
dann kann's nit annersch sei:
Es eaß, wärd moal de Oass geschloacht,
die Kopp-Ärwet verbei!

Vergeäßlichkäät

Vergeäßlichkäät, verloß mich nit,
so brommt e Kouh eam Stall!
Wäiviele Kälwer huun aich kritt . . .?
Vergeässe eaß doas all!

D's allerschleammste eaß debei,
deäß aich vergeässe huu,
aach moal e Kalb geweäst ze sei,
doas laut gebrellt hott! M-u-u-h!

Auktionsheemkehrer

Zwie Freunde dää're sich begrieße:
„Wäi gitt's, wäi stitt's, woas mächt dei Liese?
Woas host'de all däi Johr gedreawwe?
Die Zeit, däi eaß nit stieh gebleawwe!

Schmeckt's Dreanke noch eann ach d's Eässe,
die Sigga hai nit ze vergeässe?"
So genge viele Frooge iwwer
so manches riwwer eann e'niwwer.

„No, ja, wäi doas so eaß eam Leäwe!
Moal gleckt woas, moal gitt woas deneäwe,
moal scheint die Sonn', moal gieh Gewirrer
met Blitz eann Donner off ies nirrer!"

„Maich deucht, du deed'st beim Gieh so schwanke?
Du wär'scht doch nit oo' eäbbes kranke?"
„Nee, nee, mei Freund, aich huu kee Lääre!
No, ja, beaß off so Kleenigkääre!"

„Aich sei nit nauschierig, beileiwe!
Woas deätst du hau' eam Städtche dreiwe?"
„Aich hatt voo' der Auktion vernomme,
voo' der aich alleweil sei komme!

Mei Emma dout doch Wei' gern dreanke.
Beim Fortgieh deät'se mir noch weanke:
‚Du kannst viellaichd so zwuu, drei Flasche,
wann däi nit deuer sei, erhasche'!"

„Soso! Woas host'de dann erstanne?"
„Drei Flasche Wei' eann häi däi Kanne!"
„Räächt, räächt! Doas wärd dich nit gereue!
Do wärd dei Emma sich jo freue!"

„Ach, Freund, geäll, dou mich nit verroore!
Mei Fraa, däi richt bestimmt de Broore!
Aich huu, beveer aich dich gedroffe,
zwuu Flasche Wei' schuu ausgesoffe!"

Studienfach

„No, Ernst, woas mächt dei' Bub, de Schorsch?"
„Ei, der sturriert, der Kerle-Borsch!
Met Ärwet hott der naut eam Seann!
No, ja, woas batt's, aich scheck mich drean!"

„Wudroff verschwend der dann sei Kraft?"
„Doas Fach hääßt Wirtschafts-Wissenschaft!"
„Aich gradelier! Doas eaß gescheit!
Gesoffe wärd jo jererzeit!"

Rittlings

Besoffe reatt de Schunke Paul
en schiene Doag heem off sei'm Gaul.
Es geng durch's Feäld, die Kreuz, die Quer;
de Reirerschmann schwankt hie eann her.

Drei Bursch, däi Loast off Strääch verspuurt,
däi huu d'm Reirer offgeluurt,
huu innerwääks den oabgebaßt
eann imgekohrt off's Roß gesaßt.

Dann gawwe'se d'm Paul en Schnaps,
d'm Gaul off's Heannerdääl en Klaps,
eann harre den gewinschte Spaß.
De Paul merkt' goar nit, wäi'e saß.

Eann fort geng's iwwer Stock eann Stee';
d's Roß, doas fand de Wääk allee'.
Doch wäi's dann ean de Hoop n'eann koom,
do kreasch Pauls Fraa, veer Schreack fast lohm:

„Du läiwer Goatt! Woas eaß dann, Mann . . .?"
„Drei Lompe huu maich iwwerfann,
mir Geäld eann Auer oabgekneppt
eann, wäi de siehst, de Gaul gekeppt!"

Selbstverteidigung

De Riwwel-Schorsch hott Priejel kritt,
doch Gäjewiehr ganz innerlosse.
Sei Kumpel, der doas nit verstitt,
freegt: Mensch, woas sei dann doas fier Bosse?

Jed Däier wiehrt sich seiner Haut!
Doas hättst aach du so mache misse!
Do batte alle Batte naut!
Ameise beispielsweis dou pisse!

Schuu Meaddernoacht

So manche Kerle sei eam Doarf
off Kirmes-Schleejereie schoarf.
Däi siche immer Stunk eann Krach;
do sei däi, wäi m'r sääd, „vom Fach".

Etz wier'sch groad wirrer moal soweit,
eam Ort eaß neemlich Kirmeszeit.
Beaß etz geng alles friedlich zou.
Doas leßt de Kerleborsch kee Rouh.

Der, wu de Haupt-Krageeler eaß,
freegt sei Kumpane: „Hott ihr Scheaß . . .?
Ihr seid all stern-granate-voll,
aich wääß nit, woas doas geäwwe soll!

E Kirmes uhne Keilerei,
do eaß doch goar keen Spaß debei!
Im ieser Sach stitt's hau nit gout!
Schuu Meaddernoacht, eann noch kee Blout!"

De kirz'de Wääk

Den Konroad freegt en frimde Mann:
„Wäi kimmt m'r häi zoum Kirchhopp dann?
De kirz'de Wääk! Mir dout's bressier'n!
Aich huu kee Zeit mieh zou verlier'n!"

De Konroad meent e bessie schroff:
„Du sichst de kirz'de Wääk do 'noff . . .?
De best, du doust dir eäbbes oo',
dann beast du iwwermoann schuu do!"

Wahrheitsgetreu

De Pärrner nohm, woas gern hee deät,
de aale Schmerholz ean's Gebeät:
„Sie halten es, samt Ihrer Frau,
oft mit der Wahrheit nicht genau

nach allem, was im Dorf man hört.
Ich bin darüber sehr empört!
So frage ich Sie hier als Christ,
warum, zum Teufel, das so ist?“

De Schmerholz gebt häi ausnohmsweis
sei'm Pärrner moal die Wohrhäät preis:
„E Haandvoll Freunde will m'r schuu,
Herr Parrer, schläißlich aach noch huu!“

Die Leisdingsdriese

Beim Doggder rappelt's Telefoo';
die Kienasts Liese, däi eaß droo:
„Herr Doggder, komme'se ean's Haus!
Mei Mann, der stehnt eann sieht schläächt aus!"

„Was hat er für Beschwerden denn?"
„D's eenzige, woas aich erkenn,
wann aich mei'm Mann om Bauch rimdreck:
Die Leisdingsdriese sei ganz deck!"

Existenzgrundlage

De Lenz stitt wirrer veer Gericht;
e leirig Innerhaaltsgeschicht.
Es gitt ean dem Gerichtsverfoah'n
dodrim: de Lenz, der soll bezoah'n.

Jedoch de Lenz fiehrt als ean's Feäld:
„Wuuvoo' bezoah'n . . .? Aich huu kee' Geäld!
Oarm sein aich wäi e Kirjemaus,
eann ‚Schmoalhans' wuuhnt bei mir eam Haus!

Gruuß eaß d's Elend eann die Nuut!
Aich leäb voo' Wasser eann voo' Bruut!"
D'n Richder jammert däi Figur:
„Ich habe eine Frage nur:

Was ist denn, Angeklagter Lenz,
der Grundstock Ihrer Existenz . . .?"
Do sääd de Lenz bedreckt: „Doas eaß
mein goure Moage ganz geweaß!"

Äppel-Therapie

De Schreiner-Just woar als Patient
sei Leäbdoag eäbbes renitent.
De Schnaps, doas woar sei läibst Gedrenk.
Drim kroog sei Leäwwer fast die Krenk.

De Doggder saad: „Mein lieber Mann,
da sind Sie selber schuld daran!
Sie haben nicht auf mich gehört
und Ihre Leber bald zerstört!

Und dennoch ist es nicht zu spät!
Ich setze Sie jetzt auf Diät,
und ab sofort befolgen Sie
nun meine ‚Äpfel-Therapie‘!“

„Aich muß doch nit ean's Krankehaus?
Wäi sieht däi ‚Therapie‘ dann aus?
Aich will jo alles mache gern,
eann schwinn aus meine Fehler lern!“

„Verspüren Sie auf Schnaps mal Lust,
dann führen Sie sich ganz bewußt
stets einen Apfel zu Gemüt.
Sonst wissen Sie, was Ihnen blüht!“

De Schreiner, drocken eaß sein Schloand,
freegt schichdern: „Eaß doas dann gesoand?
Kann aich, im's roanderaus ze saa',
so viele Äppel dann verdraa' . . .?“

En goure Roat

En goure Roat kann naut verderwe
- drim richt dodroff dei ganz Bestreäwe -:
Leäb so, als kennst'de dääglich sterwe,
schaff so, als deedst'de ewig leäwe . . .!

En medizinische Fall

Voo' Keannerbee' oo' eaß Eel-Mellersch Kall
en tiewische medizinische Fall.
Der raacht nit, dreankt nit, den ärjert kee' Fraa,
der leäbt ganz gesoand, doas muß m'r schuu saa'.

Oo' Krankhääre hatt' der groad alles schuu.
Noch mieh wäi der, kann kee' Mensch goar nit huu.
Eann jere horr'en boarwoarisch geschlaucht.
M'r wääß, deäß aach die best Krankhääd naut daucht!

Trotz allem eass'e, deäß jerermann staunt,
die meerscht Zeit zefrirre ean gout gelaunt.
M'r muß halt alles so neamme, wäi's kimmt!
Degääje sich stemme batt naut, bestimmt!

Eann freegt m'r de Kall, wäi's allweil so gitt,
welch Krankhääd, mei Gourer, hattst'de noch nit . . .?
dann sää're, uhne gruuß erscht noochzezehn:
Gebärmoaddersenking doud m'r noch feh'n!

Fiewer eann Durscht

De Klaus leit off de Ofebank,
hott Fiewer, Durscht eann foihlt sich krank.
De Doggder Spasmus kimmt ean's Haus.
Der innersicht de kranke Klaus

eann sääd: „Die Sache ist verschleppt!
Ich schreibe Ihnen ein Rezept.
Die dort verordneten Arznei'n,
die werden sicher hilfreich sein!

Gebrauchsanweisung liegt anbei.
Dann sind Sie bald beschwerdefrei.
Das Fieber bildet sich zurück
und auch der Durst bei etwas Glück!"

Do bäumt de Klaus sich drotzig off:
„Off däi Atznei, do peif aich droff!
Aich will woas gääje's Fiewer huu!
De Durscht verdreib aich seälwer schuu!"

Scheälle, scheälle . . .

Lutz eann Freund Emil zenke sich
schuu wirrer moal ganz firchderlich.
Weshalb . . .? De Emil schall de Lutz
Zorngeggeler eann dreäckig Wutz!

Doas leßt de Lutz sich nit gefann
eann schelt zereck: „Du Hampelmann,
du Lomp, Zwulch, iwwerzwercher Emil,
du Eckestieher, Quatschkopp, Schlehmil!

Däich Meaststeck hott veer Wut eann Zoann
de Deuwel eam Galopp verloann!
Du Lappe-Ärsch, du Keesgesicht,
Steifschächder, Proahlhans, scheäle Wicht!

Du Krimmelkacker, nasse Sack,
Kamuffel, Raudi, Lompepack!
Du Jammerlappe, krommer Hoand,
du beast die Dommhääd eam Geboand!

Du Schoofskopp, Säupriel, Mißgewand!
Du beast fier'sch ganze Dorf e Schand!
Du Wutzebär, du Liejebeul,
du Birschtebeanner, Brantwei'eul!"

Die Kraftausdrick voo' dene zwie
sei alles annere als schie.
De Emil gebt's dem Lutz zereck:
„Du Keannerschreck, du stinkig Steck!

Du Ruutlaafsfenger, Sadansbroore,
däich dout dei Maulwerk doch verroore!
Du Flärrerwesch, du Leu'bescheißer,
du Hossebeäller, Bossereißer!

Du Krescher, Dreäcksau, Debbegucker,
du Greffelspetzer, Bloos-Ärsch, Mucker,
Bettnässer, Schnäpser, Schneckedreiwer,
Ulpch, Färrerfuchser, Liejeschreiwer!

Du Reandvieh, Schlappschwanz, Waffelmaul,
Leps, Hoandsfurz, Stromer, Scheesegaul!
Woas witt du dann, du Läuser, Knäcker,
du Dormel, Simpel, Kniezebäcker . . .?

Du guckst de Weibsleu' ean die Blus!"
Etz oawwer leekt d's Lutzche luus:
„Haal bluuß die Maul, du Hoasescheasser,
du Huinkboart, Knäulkopp, Besserweasser!

Klugscheasser du eann Noi'moalklug!
Jed Woard voo' dir eaß Lug eann Trug!
Du Plattkopp, Goakser, Schluri, Glowe,
du host'se jo nit all ‚do owe'!

Du Dämlack, Hannebambel, Dussel,
du Itzich, Oabdrittsboatzer, Schussel,
du Dreckeberjer, Uu'leid, Flappch,
du Fulder, Rotzfink, Wissedappch!

Du Oass, du Petsche-Puddeler,
Bleß, Noawweljucker, Suddeler,
du Loddersack eann Hutzelbeer,
du beast eann bleibst e gruuß Malleer!

Du Raubauz, Greandmaul, Kräppelschnut!"
Häi kreischt de Emil, ruut veer Wut:
„Du Kutteschnearrer, Schoppesteacher
du Nautnotz, Nisselpriem, du freacher!

Du siwwekandig Mißgeburt!
Moann werd dir wirrer offgeluurt!
Dann setz'st woas merr'em Oassepriel,
du Krauderer, du daugst nit viel!

Du Knaatschmaul, Maunzer, Klingebotzer,
Krakeeler, Söffer, Freässer, Motzer,
Kalfakder, Stoffel, Rappelkopp!
Du speuzt beim Eässe ean die Sopp!

Du Äppel-Strepser, Kujonierer,
Dreh-Peter, Dollbatsch, Rimm-Pussierer!
Du Gruußmaul, Frichtche, Zickemächer,
du wärscht voo' Doag zou Doag jo schwächer!

Du Bleedmann, Sääfesierer, Ratz,
du Uu'float, Olwel, Bullewatz!
Aich stopp dir glaich dei Lästermaul!"
Freach lacht de Lutz, memm Maul nit faul:

„Ä-ä-ä-tsch, scheälle, scheälle dout nit wieh,
eann wer mich schelt hott Läus eann Flieh!
Drim haal dei Maul, Gewirreroas,
du Pisser mächst soast ean die Hos!"

De Emil meent, naut mieh so well:
„Gout, Heckebankert, aich schwei' stell!
Doch Läus eann Flieh, däi huu'n aich nit,
däi huu'n aich groad voo' dir gekritt!"

Inhaltsstoffe

„Aich eäß bluuß Ääjer“, meent de Kall.
„Do wääß aich doch off jeren Fall,
deäß do naut Uu’räächts ’neann kimmt, Schorsch!“
„Ei, Kall! Du beast viellaichd en Borsch!

Doas weasse doch die kleenste Keann:
ean Wirscht kimmt aach naut Uu’räächts ’neann!
Doas eaß ganz sicher eann geweaß,
weil däi jo zougeboanne eaß!“

Die Melch bleibt weiß!

Ean ieser'm Laand eaß wirrer moal
om Sonndoag e bollidisch Woahl.
Goar manche freeje, welch Paddei
werd desmoal woall de Sieger sei . . .?

Ihr Leu', erspärt uch derlei Moih!
Ob ruure, schwoazze, geäle Koih,
doas Rätselroore batt doch naut!
Die Melch bleibt weiß! Doas eaß doch aut!

Siwweschleefer

Schorsch hatt' sei Feanster, weil's so kaalt,
fier noachts met Bräärer zougestaalt.
Ee Noacht jedoch hatt's zou der Zeit
die Retze all dicht zougeschneit.

Eann dessentwääje drang voo' daus
kee Licht eann kee Geräusch ean's Haus.
Es woar ganz friedlich eann ganz stell,
kee Honds-Gegauz, kee Koih-Gebrell.

Die Folge woar: drean schläif m'r däif.
Beaß deäß die Fraa off eemoal räif:
„Steih off eann schoab schuu moal de Mirch!
Dann mach dich firdig fier die Kirch!

Du singst doch aach eam Kirje-Chor,
Mann, woasch dich, botz dich, kemm dei Hoor!
Du wääßt, es eaß doch Sonndoag haut!"
Do raunzt de Schorsch: „Doas batt mich naut!

Maich bringt kee Mensch nit aus d'm Haus!
Guck moal, es eaß noch dunkel daus!
Die Glocke läure lengst noch nit!
Wann ieser Auer richdig gitt,

dann eaß noch mette ean de Noacht.
Woarim hättst du soast Licht gemoacht . . .?
Vom Turm hott's aach noch nit geschloo'.
Wann du kee Rouh host, dou dich oo'.

Aich leg mich noch moal off die Seit;
wann's läure dout, sei'n aich soweit!"
Dann schläif, naut Bieses ean sei'm Seann,
de Kerle noch moal richdig ean.

Doch veerher saa're zou de Aalt:
„Aich huu de Wecker mir gestaalt.
Sobaal der rasselt, komm aich raus.
Birscht mir derweil de Oo'zug aus!"

Wäi's rappelt, stann de Schorsch dann off
eann meent zou seiner Fraa: „Aich hoff,
du host dich aach noch ausgerouht!
Wääß Goatt, so'n Sonndoagsschloof dout gout!"

Eam sonndäägliche Festgewaand
eann memm Gesangbuch ean de Haand,
geng ieser Schleefer aus d'm Haus
eann woannert sich: die Sonn schäin daus!

Kaum oawwer woar'e off de Gaß,
woas harre do die Leu' ähr'n Spaß!
Do frug de Schorsch: „Woas eaß dann luus . . .?
Seid ihr verreckt? Woas hott ihr bluuß . . .?"

Die Leu' eann Keann, däi lachte laut:
„Ei, Schorsch, es eaß doch Muu'doag haut!
Mir sei gespannt, ob du schuu wääßt,
deäß du etz ‚Siwweschleefer' hääßt!

Doch witt du ean die Kirje gieh,
nur zou, eann grieß de Pärrner schie'."
Do stutzt de Schorsch eann räif sei Aalt:
„Die Feanster sei dicht zougestaalt!

Kee Woanner, deäß aich fest eann däif
en läiwe, lange Doag verschläif!
Ja, wer de Schoare hott, der hott
zou allem U'gleck noch de Spott!"

Voo' Trääs

„G'n Dach! Wu seist du her . . .?" „Voo' Trääs!
Doas leit do heannerim!" „Aich wääß!
Stammt voo' Geilshause nit dei' Fraa . . ."
„Doas deed noch feh'n! Voo' Atzehaa'!"

„Wann aich dich so bedroachde du',
dann kenn aich dich voo' irgendwu.
Aich kann's gedreewe eann gewenn . . .,
aich dou dich oo' de ‚Schirwe' kenn!

De Kopp, d's ganz Gelärr, die Bee' . . .!
Doust du dei'm Voadder ehnlich seh?
Saa' mir, woas der beruflich dreibt
eann sich met Voadderschnoome schreibt!"

„Mei' Voadder, der eaß weit bekaant!
Dem seist du sicher oft begaant,
weil der schuu lang met Leckvierz rääst!
Der schreibt sich ‚Nauschier', deäß d's wääßt!"

Fui, Deuwel, wäi schie!

De Ernst eann de Hans-Kurt,
zwie Kerle vom Doarf,
däi wor'n moal ean Frankfurt
off's Noachtleäwe schoarf.

Säi packte ähr Ranze
eann oab geng die Post!
Mir gieh etz off's Ganze,
moag's koste, woas kost!

„Zur roten Laterne"
do kohrte'se ean.
„Es leuchten die Sterne . . ."
erklang's groad do drean.

Troib braante die Lichter,
e boandig Gemisch;
ruut wor'n die Gesichter
eann ruut woar de Plisch.

Do woar e Gekicher,
Gelächter, Geschmus;
däi zwie wor'n sich sicher:
häi eaß eäbbes luus!

Häi werd etz gebleawwe!
Häi riecht's nooch Parfiem!
Woas häi werd gedreawwe,
doas hääßt m'r „intim"!

Baal koome zwuu Flittche,
däi packte däi zwie
ganz schwinn beim Schlaffittche.
Fui, Deuwel, wäi schie!

Däi huu'se met Schätzche
eann Mops titeliert,
eann dann goar met Schmätzche
eann mieh noch trakdiert!

Dann huu'se en Kiwwel
met Sekt glaich bestaalt;
der schmoacht goar nit iwwel,
eann woar aach hibsch kaalt.

Woar doas e Gekuschel
bei Sekt off'm Desch!
Eann zweschich Geduschel
goab's aach moal en Kresch.

De Ernst eann de Hans-Kurt
huu alsfort spendiert,
eann doobei ean Frankfurt
sich gout amisiert.

Wäi knapp wurd die „Kasse“,
gestanne däi zwie:
Mir misse etz basse!
Ies Zug werd baal gieh!

Däi Weibsstecker moochte
off eemoal sich fort;
ies Mannsbelder doochte,
däi wier'n zoum Abort.

Dann koom so en Loddel,
der saad nit groad fei':
„D's Geld her, ihr Troddel!“
Do goab's Keilerei!

Ies Kerleborsch dääre
ähr'n Mann doobei stieh
met Boxe eann Drääre!
Fui, Deuwel, wäi schie!

Im Koate ze kaafe
fohlt freilich d's Geäld.
Säi mußte heem laafe
durch Waald eann durchs Feäld.

Die Leu dääre staune
eam Doarf: „Ei, de Daus!
Ihr seid gout bei Laune!
Etz packt schwinn moal aus!

Wäi woar'sch dann ean Frankfurt . . .?“
Do proahlte däi zwie,
de Ernst eann de Hans-Kurt:
„Fui, Deuwel, wäi schie . . .!“

Noochdääl eann Vordääl

Ihr Leu', aich dou mir naut mieh merke!
En Zoustand, der geweaß
- gieh aich bei irjendwoas zou Werke -
goar oft voo' Noochdääl eaß.

Neästflichtern glaich eaß so'n Gedanke,
der hurtig eann geschweand,
stoatt ean mei'm Kopp sich festzeranke,
verfläiht wäi Spreu eam Weand.

Een Vordääl hott die Sach indeässe
aus ganz plausiblem Groand:
Wer sich naut merkt, kann naut vergeässe!
Doas dou aich häimet koand!

Kopp-Saloat

Aich huu, doas eaß e schie Geschicht,
en „Kopp-Saloat“ häi oo’gericht’.
Do will aich alle „Kepp“ benenn’,
däi mir eam Hesselaand so kenn’.

So mancher Bloosekopp wärd feh’n,
wann aich prowier, däi offzezeh’n.
Schuu wärd de Olwelskopp glaich freach,
wann aich mir häi de Kopp zerbreach!

De Knodderkopp wärd glaich erfaßt,
de Greandkopp off die List gesaßt.
Eann eaß de Oassekopp debei,
wärd’s aach de Ääjerkopp woall sei.

De Rappelkopp will durch die Waand,
de Starrkopp hält d’m Hetzkopp staand.
De Dommkopp dout sein Kopp riskier’n,
doas kann d’m Schlaukopp nit bassier’n!

De Deeskopp gebt ean ieser Sprooch
d’m Struuh- eann Quatschkopp nit viel nooch.
De Quasselkopp hott m’r nit gern,
d’m Blärr- eann Brommkopp bleibt m’r fern.

De Motzkopp dout’s ean dem Bereich
d’m Querkopp, Beällkopp, Hoahlkopp gleich.
Häi wärd de Saufkopp noch genaant,
der, wäi de Wasserkopp, bekaant.

De Struwwelkopp eaß nit frisiert,
de Knallkopp wärd naut äsdimiert.
D’m Deckkopp gitt’s stets nooch sei’m Kopp,
de Wuschelkopp sieht aus wäi’n Mop.

Memm Schwellkopp will aich dann om Enn’
de Schoofs- eann Saukopp noch benenn’,
de Knäulkopp aach off jeren Fall,
de Glatzkopp gebt’s jo iwwerall!

Zoum Schluß zäih aich mein Kopp schwinn ean.
Mir kimmt keen Kopp mieh ean de Seann,
met dem aich eäbbes hätt’ ze duu’.
Aich freu’ mich, deäß aich . . . „Köpfchen“ huu . . .!

Vom Haa'wenn

„Komm, Fritz, steih off, kee Zeit verschwend't,
'naus off die Wiss' eann Haa' gewend't!
Beendig endlich moal dein Schloof!
Met dir ze ärwen, eaß e Stroof!

Neamm ean die Henn, du Ratz, dei' Bee'!
Haa' wend't sich doch nit voo' allee'!"
„Ach woas! Wäi aich den Kruum so kenn',
do wärd de Weand d's Haa' schu wenn'!"

Kloorstelling

Ies Ludwig eaß nit faul, ihr Herrn,
doas eaß woahrhafdig wohr!
Bluuß schaffe dout der nit so gern,
doas stenn aich häi moal kloor!

Die Respektseit

De Bauer Just muß veer Gericht;
e Grenzbereinigingsgeschicht.
Justizroat Jung, der schuu räächt aalt,
eaß zoum Verteidiger bestaalt.

„Du mußt aach," moahnt d'm Just sei Fraa,
„hibsch freundlich ‚Herr Justizrat' saa',
weil der dich jo verdrääre dout!
Met dene Leu' stellt m'r sich gout!

Gitt ihr ean de Verhandlingspaus
moal off den lange Flur enaus,
dann merk dir, Just, dann mußt du schie
bei dem off de Respektseit gieh!

Doas eaß die linke Seit voo' dem.
Dann fälltst du off räächt oo'genehm!
De anner foihlt sich äsdemiert.
So Leu', däi werr'n halt gern hofiert!"

No, ja, woas batt's? Baal eaß soweit.
De Just bleibt off de linke Seit
beim Hie- eann Hergieh off'm Flur.
Do eaß der, wäi en Panzer, stur.

Glaich merkt de Roat, deäß sei Klient
sogoar die Oo'standsrejeln kennt.
Eann schließlich sää're goutgelaunt:
„Mein lieber Just, ich bin erstaunt!

Ich schätze Ihr Betragen sehr!
Wo wissen Sie das alles her . . .?"
„Doas mach aich," säät de Bauer do,
„bei meine Oasse immer so!"

Huuhe Däier

De Landroat deäd beim Fest
emoal nooch heanne
ean doas klee „Häusi
merre'em Herz" veschweanne.
Aach huuhe Däier misse
moal off's Örtche!
Bluuß dou däi oft,
als scheasse'se e Törtche!

Fier die Richdigkäät

Beim Landroat drefft e Schreiwes ean.
Kloor eaß sein Text; doch aach sein Seann . . .?
Do schreibt de Juluis Kaspar Klee
als Reächner voo'ner Doarf-Gemee':

Wäi aich ean meiner Posizion
eann Ääjeschaft als Amtsperson,
e fällig Reächning will kassier'n,
doud mich der Schoaldner attackier'n!

Hee schelt mich Koihleps, dommer Hoand,
doas dou aich häimet amtlich koand!
Eann Dreäcksack sää're, Meastbock, Sau
eann anneres, doas stimmt genau!

Eann woas die Richdigkäät bedreafft,
bestäricht durch sei Innerschreaft
als Amtsperson voo' de Gemee',
gezääjend . . . Julius Kaspar Klee.

Arbeitsteilung

De Birjermeesder sääd zoum Schreiwer:
„Häi, leäs doas moal, du Zeitverdreiwer!
Dou dei finf Seann zesommenomme!
Aich sei noch nit dehinnerkomme,

woas däi met dem Gekrecksel meene;
zoum Schluß doas hääßt woall ‚notabeene'!"
De Schreiwer dout sei Brell erscht botze,
sei Sackduch dodefier benotze,

legt noochdenlich die Stirn ean Faale
eann sääd: „Den Wisch dou schie behaale,
eann mach deswääje so kee' Weäse!
Mei' Amt eaß schreiwe, nit d's Leäse!"

Erkenntnis

Däi Roand, däi häi beisomme setzt,
däi dout sich eschoffier'n:
Mit wer'n vom Chef bluuß ausgenetzt,
do muß eäbbes bassier'n!

Mir schaffe sich noch lohm eann kromm,
wann doas so weirer gitt!
De Chef verdient sich daab eann domm,
so wäi die Sach etz stitt!

Ja, däi Erkenndnis eaß nit fresch,
trompt eener off ganz bies:
De Hecht wärd gruuß voo' kleene Fesch,
eann doas gelt aach fier ies!

Irrtum veerbehaa'n!

Seit domoals – her eaß doas schuu lang –
de Geckeler die Ent' besprang,
hääßt's immer „Irrtum veerbehaa'n",
dank d'm „Verseh'" voo' dem Galan!

Deäß Irrtum oawwer menschlich eaß,
gelt off de Welt lengst als geweaß.
Häibei, ihr Leu', kann gout eann gern
de Irrtum ausgeschlosse wer'n!

Aich kenn een, der sich niemoals irrt!
Doas eaß en Vuchelsberjer Wirt.
Der sääd: „Aich irr'n mich nie, ihr Herrn!
Eann wann, dann immer bluuß ‚intern'!"

Körwerduft

Ob sich de Just nit woasche dout . . .?
Off jeren Fall: der duft' nit gout!
Eann wäi doas off de Welt so gitt:
Die annern merke's, hee merkt's nit!

Sei'm Nochber wärd die Sach zou domm.
Drim sää're freundlich: „Neamm's nit kromm
eann dreck mir aach keen decke Kopp:
du stinkst groad wäi en Wiedehopp!"

Doas brengt de Just nit aus de Reih:
„Wann du doas sää'st, wärd's woall so sei!
Doch merk: vom äjene Gestank,
mei Läiwer, wurd noch keener krank!"

Wie m'rs macht . . .

Es geht de Mensche wie de Leut!
Unn darum heißt mei Thema heut:
Es recht zu mache jedermann,
das iß e Kunst, die keine(r) kann

Denn jede(r) hat schon selbst erlebt:
„. . . es irrt der Mensch, solang er strebt . . .“!
Unn was mich mei Erfahrung lehrt,
heißt: Wie m'rs macht, so iß' verkehrt!

Doch frag ich, wie m'rs richdig macht,
dann krieg ich vorwurfsvoll gesacht:
Du weißt wohl net, was sich geheert . . .?
Tja, wie m'rs macht, es iß verkehrt!

Fängt's an zu regne, heißt's gleich: Ei,
warum hast du kein Schirm debei . . .?
Iss'es degääje schwiel unn warm,
dann trägst'de immer ein am Arm!

Hau ich beim Esse dichdig rin,
wenn wir wo ingelade sinn,
dann faucht mei Frau mich wietend an:
Sei doch net so gefräßig, Mann!

Bin ich geniegsam, gibt's Verdruß:
Es schmeckt wohl net, Hieronymus . . .?
Du hast so gut wie nix verzehrt!
Wie m'rs auch macht, es iß verkehrt!

Kaum, daß m'r sich zu was entschließt,
bums, wird ei'm de Entschluß vermiest!
Soo hätt ich's awwer net gemacht,
wird - besserwissend - vorgebracht!

Lach ich e Mädche freundlich an,
gerat ich in Verdacht als Mann.
Schnell heißt's, ich hätt die Maid beteert!
Wie m'rs auch macht, es iß verkehrt!

Hab ich mal jemand net gegrießt,
wird das zum Fall, aus dem m'r schließt,
d's gut Verhältnis wär gesteert!
Wie m'rs auch macht, es iß verkehrt!

Mitunner komm ich mir schon vor
als wie de Ochs vor'm Scheuerntor,
unn hab jetz nachgerad genug
von Leut mit Name „Neunmalklug"!

Halt ich mal kurz im Parkverbot,
ganz ausnahmsweis, aus Parkraumnot,
wird bollizeilich das verwehrt!
Wie m'rs auch macht, es iß verkehrt!

Geb ich, ganz arglos in mei'm Sinn,
mei Reimgedicht zum Abdruck hin,
gibt's ein', der an de Läng sich steert:
Ob kurz, ob lang, es iß verkehrt!

Ich hab manch Beispiel ausgewählt
unn hätt, was ich hier uffgezählt,
noch gern um weiteres vermehrt,
doch . . . wie m'rs macht, so iß verkehrt!

Unn komm ich langsam jetz zum Schluß,
weil der ja auch mal komme muß,
heißt's: Was, jetzt wird schon uffgeheert . . .?
Wie m'rs auch macht, es iß verkehrt!

Merkt: Mißgeachtet lebt sich schwer,
doch unbeachtet noch viel mehr!
Wenn's mehr Beachdung mir beschert,
mach ich drum liewer was verkehrt!

Gout gedroffe!

E Bubche, off die Welt groad komme,
hatt' glaich ean Aageschei' genomme
all däi, däi etz sei Bett imstanne
eann laut d's Kerrlche goldig fanne.

D's Bubche häilt die Aage offe
eann doocht: „Du hoast's jo gout gedroffe!
Do stirr'en Mensch eam weiße Kirrel!
Dei Voadder . . .! Merr'em Doggder-Tirrel!"

No ja, wäi doas so gitt eam Leäwe:
De Bub lääk met sei'm Tip deneäwe!
Doch doas woar aach nit groad sei Schoare:
Weißbinner eann keen Doggder woar'e . . .!

Kein Verlust!

„Kalliene, host'es schuu gehoatt . . .?
Ies Doggder aus d'm Nochberoatt
hott, mir naut, dir naut, geästern moann
ganz pletzlich sei Gehier verloann!"

„Ach, woas! Doas huun aich nit gewoaßt!
Doas e aß fier den aach keen Verloast!
Auguste, aich verroat dir aut:
Verstanne hott der eh doch naut!"

Adams Appel

De Pärrner freegt eam Innericht,
wäi doas sei Schelligkäät eann Pflicht,
woarim de Adam, woas geweaß,
ean den besaa'te Appel beaß . . .?

Do sääd de kleene Moritz: „Ei,
der hatt' sei Measser nit debei!
Aich wääß aach, deäß häi Mann eann Fraa
fier Adams-Appel „Krotze“ saa' . . .!“

E Lanze fier die Post

Gern brech ich – weil's kei Porto kost –
heut mal e Lanze fier die Post.
Wobei's, wie ihr gleich weider seht,
hier um die Postzustellung geht.

Gar manche nemme voller Zorn
grad widder mal die Post uff's Korn,
unn finne, suchend, schwuppdiwupp,
auch prompt e Haar in dere Supp!

Wer jemals Marke abgeleckt,
der hat ganz sicherlich entdeckt:
de Markeleim schmeckt net mehr sieß!
Macht m'r die Post deswääje mies . . .?

Ich sag euch was, ihr liewe Leut:
es wird zu viel gemeckert heut!
Ein jeder schimpt unn mäkelt rum,
nimmt alles unn nimmt jedes krumm.

Da wird die Post net ausgespart.
Iß das vielleicht die feine Art?
Die Postzustellung wär zu lahm!
Die Unnerstellung iß infam!

Kritik zu iewe iß heut schick,
unn jeder Simpel pflegt den Tick!
E Lob geheert zur Seldeheit.
Das iß vielleicht e draurig Zeit!

Nee, nee, bei uns stieg manchem Dropp
de Wohlstand allzusehr in Kopp!
Die Leut sinn viel zu arg verwehnt.
Wer sich nach Blitzzustellung sehnt,

unn awends schon nach Briefe blickt,
die morjens erst sinn abgeschickt,
der soll sich selwer schreiwe, gell?
Die Post, die kriegt'e uff de Stell,

wenn er um siwwe, wenn's beliebt,
sie frieh in eig'ne Kaste schiebt,
unn guckt um acht mal widder nach.
Ja, dem veschlägt's bestimmt die Sprach!

Ich sing das Loblied uff die Post
net nur, weil's mich kei Porto kost.
Das Lied wird euch, da mir's net eilt,
auch net per Eilbrief mitgeteilt.

In’s Posthorn steeßt mit frohem Mut
tati-tata, die Post iß gut,
en Mensch, der bei de Post bekannt
als Adressat unn Adressant.

Vom Laafe

De Postbot hott veer siwwe Woche
– wufier der ganz geweaß naut kann –
eam Dienst d’s linke Bee’ gebroche.
Doas kimmt vom Laafe, meent en Mann!

Ohne „ohne“

Heut will ich mal kurz betone
das Verhältniswörtche „ohne“.
Die Bedrachdung duud sich lohne;
ich möcht sage: zweifelsohne.

„Ohne mich“ kennt ohne Frage,
ohne „ohne“ niemand sage,
gält’s d’s Wörtche „mit“ zu schone,
was d’s Gäjedeil von „ohne“.

„Ohne“ find’t sich ohnegleiche
noch in vielerlei Bereiche.
Weckt „Gewähr“ net Illusione
ohne ihren Zusatz „ohne“ . . .?

Ohnedies wär hier zu nenne
„oben ohne“, das Sie kenne.
Doch das schert mich net die Bohne,
denn ich bin ja selbst „net ohne“!

Konzert-Huster

Ihr Leut, beherzigt mei Offerte:
Geht net mit Huste in Konzerte,
denn Huster, das iß unbestritte,
sinn keinesfalls dort wohlgelitte!

Duud net d's rein Instrumentale
durch euer Gauze unnermale!
Auch Räuspern als Geräusch-Kulisse
wirkt schmälernd uff Musik-Genisse!

D's Rascheln mit de Bongbong-Tüte
gilt auch als Mißklang erster Güte.
Mithin summiert sich dann das Ganze
zu unerwinschte Dissonanze!

Habt ihr e Steerung in de Puste,
dann duud dem Kunstgenuß was huste,
unn den Konzertbesuch, ihr Liewe,
vielleicht uff's nächste Mal verschiewe!

So’n Hosekauf

Ich schilder hier mal de Verlauf
von so’nem Herrenhose-Kauf.
Auch das muß ab unn zu mal sei’,
das sieht ja jede(r) sicher ei’.

Die Auswahl iß zwar immer groß,
doch finn ich nie die bassend Hos.
Oft spricht mei Frau: „Mein liewer Schatz,
du bist vielleicht en Hosematz!“

Mir sinn die Dinger von de Stang
zu eng, zu weit, zu kurz, zu lang.
Stets, wenn ich uff die nächste hoff,
dann isses nix, dann kratzt de Stoff.

Drum frag ich mich: wie kommt das nur?
Ich mach, weiß Gott, kei schlecht Figur
unn hab, verrat ich hier ganz schnell,
die Greeße 26, gell!

Ihr liewe Leut, ich sag, wie’s iß!
Ich mach’s wie friehjer beim Kommiß:
„Kinn an die Bind, Brust raus, Bauch rin“,
damit ich hosefreundlich bin

unn so d's Beinkleid besser sitzt!
Dann stell ich fest, daß das nix nitzt!
So bin ich immer arg erhitzt
unn hinnerher batschnaß geschwitzt!

„. . . mir krieje widder ebbes rin . . .",
der Trost hat doch fier mich kein Sinn,
wenn mir die Farb dann net gefällt
unn mir de Hosekauf vergällt!

Wenn unsereiner rumspaziert
in Hose, bunt unn groß-kariert,
dann lästert manche(r) iwwer mich:
„Guckt an, der macht ‚uff jugendlich'!"

Doch kirzlich iß mir was bassiert!
Ihr Leut, ich hab mich so scheniert,
zumal mich hier (fast) jede(r) kennt
unn owedrin beim Name nennt!

Wie ich zur Prob mich bicke daat,
da . . . platzte hinnerwärts die Naht,
unn weje dem Geräusch, ihr Leut,
da schäm ich mich fierwahr noch heut! –

Die Nas (unn net die Hose!) voll,
gäb ich mal gern zu Protokoll
als Hosekäufer unn Poet,
ob's annern Männer auch so geht?!?

Geistliche Ermahnung

„Wir müssen andern Gutes tun . . .",
sääd ean de Kirch de Pärrner Kuhn.
Do murmelt heanne eener: „S-o-o-!
Eann wufier sei däi annern do . . .?"

Stauche, Firwes, Lappeschouh

Stauche, Firwes, Lappeschouh
eann noch annern Sache
– Strimp eann Strompkapp zeh'n dezou –
deäd ies Moadder mache.

Eann doas alles neäwebei!
Ean de freie Stoanne
hott däi aach fier Steckerei
noch die Zeit gefoanne.

Eann säi hatt' kee Woaschmaschin',
däi wusch noch eam Zuwwer!
Eann zoum Fääje där'e dien'
Lompe, Beäse, Schruwwer.

Frimd woar ähr de Mießiggang.
Woar'sche moal ean Eile,
meent'se: „Ach, de Doag eaß lang!
Eile, doch met Weile!"

Sauerkraut eann Himbeersaft
käif'se nit eam Loare;
doas hott Moadder seälbst geschafft,
eann doas woar keen Schoare.

Aus de Matte moocht'se Kees,
Handkees eann gekochte;
alles uhne viel Gedees,
doas sei eangeflochte.

Eann säi kimmerte eam Haus
sich im die Finanze,
stoppt ies Keann, wann's froih geng 'naus,
Froihsteck ean die Ranze.

Jere Mark wurd imgedroaht
eann nit 'nausgeschmeasse,
Hos' eann Hemb gefleckt, genoaht,
wann'se eangereasse.

Nie verluur däi Fraa de Mout,
alles deäd'se packe.
Ui, wäi schmoacht ähr Bruut so gout,
woas'se seälbst gebacke!

„Ärwet mächt d's Leäwe soiß",
saad'se inner Lache,
sei's beim Botze voo' Gemois
oawwer annern Sache!

Trotz de dääglich Plaggerei
hatt'se owedrean
- eann doas nit bluuß neäwebei -
Zeit noch fier ies Keann!

Wann die Mamme fuchdig woar
eann deäd richdig scheälle,
moocht sich ieser Babbe roar,
woas verstendlich, geälle . . .?

So'st hott Moadder, wäi gesaat,
alles oo'genomme,
niemoals iwwer Streß geklaat,
wann's aach deck eaß komme!

Doch die Zeire ennern sich,
naut eaß offzehaale,
Mensche sei verennerlich,
woas bleibt do beim aale . . .?

Hott nit die moderne Fraa
merr'em Druck off's Kneppche
- joa, doas kann m'r häi moal saa' -
Kaffie ean ähr'm Keppche . . .?

Kee Gepäck wärd hau ze schwier!
Will m'r eäbbes kaafe,
stitt d's Audo vier de Dier!
Wer dout hau noch laafe . . .?

Doch de dauernd Iwwerfluß
mächt die Leu' verdrosse.
So gesellt de Iwwerdruß
sich als Wäggenosse.

Zweschedurch moal eäbbes Nuut
deed geweaß naut schoare.
Manche(r) schätzt e Steckche Bruut
erscht wann's Mangelwoare!

Letzder sanidäre Schrei

Heut sinn mir durch die Bank verwehnt.
So wird gar vieles abgelehnt,
was friehjer gang unn gäwe war.
Das macht sich leider keine(r) klar.

Es heißt die Zeide ännern sich.
Es sinn die Mensche, meine ich.
Wobei - d's Leugne hätt kein Sinn -
ich selbst net auszuschließe bin.

D's Anspruchsdenke iß zu groß.
So schnell wer'n mir das auch net los,
denn jeder Knirps kriegt beigebracht,
wie m'r sei Ansprich geltend macht.

So hat uns, das sei net verhehlt,
das folgende gewiß gefehlt,
das unser Lewenskwalidät
noch mehr erheht, wenn auch recht spät:

Fier jeden bundesdeutsche Po
die tönend Klo-Brill in sei'm Klo
als letzde sanidäre Schrei!
Da geht's nochmal so gut debei!

Denn im entscheidende Moment
- nach freier Wahl, laut unn dezent -
erklingt für IHN unn auch fier SIE
e Art Erkennungs-Melodie

als Blasmusik unn Kuckucksruf.
Doch wem zum owige Behuf
d's Dargebodene net recht,
der wählt d's Kloppe von'em Specht,

d's Singe von de Nachtigall,
„. . . es tönt ein Ruf wie Donnerhall . . .",
d's Lerche-Jubiliern unn so.
(Versteht sich: alles stereo!)

Auch Trillerpfeif unn Hahneschrei
nebst Amselflöte sinn debei.
(Doch Trommelwirbel, Baßgetön
unn Pauke find ich hier obszön!)

Indesse halt ich jede Wett:
Zufriede seid ihr trotzdem net!
Im Fordern hält de Mensch net still!
Je mehr'e hat, je mehr'e will!

Freund Adebar

Ihr liewe Leut, Freund Adebar
macht sich in Deutschland leider rar.
Wer hat ihm wohl d's Nest beschmutzt,
das er schon lang net mehr benutzt . . .?

M'r kann de Störch Asyl gewähr'n.
Doch misse die sich auch ernähr'n.
Hier taucht die Frage auf: von was . . .?
Ihr liewe Leut, das iß ja das . . .!

Wer Feuchtgebiete kultiviert,
die Fluß- unn Bächläuf reguliert,
entzieht genau an dere Stell
de Störch die Nahrungsquelle, gell?

De Klapperstörch ihr Lieblingsspeis
sinn nämlich Frösch, soviel ich weiß.
Froschschenkel aß ich zwar noch nie,
de Störch hingege munde die.

Nadierlich fille die ihr'n Bauch
mit annerm kleine Viehzeug auch,
jedoch die Störch vermisse hier
d's artgerechte Jagd-Revier.

Nanu . . .? Indem ich hier so schreib
von dene Störch unn ihr'm Verbleib,
da iß mir so, ich weiß net, wie . . .?
Ei, foppt mich dann mei Fandasie . . .?

Jetz brat mir einer doch en Storch!
Gewiß, da klappert was! Ich horch . . .!
Da spricht mei Frau mit ernster Mien':
„Was ‚klappert', iß dei Schreibmaschin!"

Unkraut

Um unser heile Pflanzewelt
da isses deshalb schlecht bestellt,
weil gääje Dummheit ganz gewiß
bislang kei Kraut gewachse iß!

So sinn die Mensche kreuz unn quer
scharf hinner jedem Unkraut her,
obwohl manch Unkraut ganz gewiß,
wie auch bekannt, e Heilkraut iß!

Kamille iß e solches, gell?
Doch wächst'se an de falsche Stell,
wird'se zum Unkraut deklariert
unn unbarmherzig liquidiert!

In dere technisierte Zeit
gilt d's Prinzip der Nitzlichkeit.
Da iß fier Schwärmerei kein Platz.
Die Nichternheit dient als Ersatz.

Drum blieht auch drauße net mehr viel.
Die Landschaft wirkt schon fast steril.
Kei Kornblum mehr, kein rote Mohn;
Kulturlandschaft, ganz monoton.

Die Pflanzevielfalt iß dahin!
Doch weil mir grad beim Thema sinn . . .:
Daß Unkraut trotzdem net vergeht,
verdeutlicht sichtbar . . . de Poet!

Lebensregel

Bub, merk dir doas als Leäwensrejel,
saad jingst en Voadder zou sei'm Flejel:
Gieh nie ganz vorn eann nie ganz heanne,
dann kann m'r dich so laichd nit feanne!

Däi Saddelirre

De Knorrholz raunzt: „Gewirrerschloag!
Doas eaß e Weärrer hautzedoag!
Etz reißt mir langsam die Gedoald!
Däi Saddelirre sei droo' schoald!

Däi mache als do owe rim,
eann krempeln alles im ean im!"
(Soweit de Knorrholz doas verstitt,
hott der viellaichd so uu'räächt nit!)

Urlaawer

Säi foah'n nooch Gran Canaria,
Tunesien, China, Kenia.
Amerika eann die Tirkei
sei, wäi Jamaica aach debei,

wäi's Nordkap, Island, Mexiko.
Eann Eestreich . . .? Eaß doch viel ze nooh!
Doch Ungarn met sei'm Plattesee,
doas brengt schuu mieh oo' Renommee!

Aach Indonesien dirf nit feh'n.
Es geeb noch vieles offzezeh'n.
Wer kann mir e poar Leu' genenn',
däi Vuuchelsberg eann Taunus kenn' . . .?

Moann'se moann

Beim letzde Mundoart-Veerdroag woar
bei mir e Fraa aus Schottland goar!
Woas soll aich saa', däi Fraa verstann
fast besser wäi ähr deutsche Mann,

woas aich so alles veergedraat
off Owwerhessisch, wäi gesaat.
Däi hott dem manches iwwersaßt,
woas aich ean ieser Sprooch geschwaßt!

Nee, bei der Fraa geng naut verloann;
zoum Beispiel kaant däi moann'se moann.
Ean Schottland häiß doas groad so wäi
bei ies ean Owerhesse häi,

weil ieser moann, doas stimmt bestimmt,
voo' Morgen, englisch morning, kimmt!
Eann englisch rain, loßt auch moal saa',
eaß ieser Rääje wäi aach Raa.

Weil Owwerhessisch ganz geweaß
zoum gruuße Dääl wäi Schoddisch eaß,
kann aich, weil däi ies Sprooch verstieh,
schuu moann'se moann nooch Schottland gieh!

Fier naut eann wirrer naut

Fier naut eann wirrer naut ze schaffe
fier annern, däi naut duu', bluuß gaffe,
fier annern ean die Henn sich speuze
eann dene goar die Noas ze schneuze,

nee, nee, doas loß aich besser bleiwe!
Steätt mich fier annern offzereiwe,
dou aich mich läiwer nit beweje!
Die Henn schie ean de Schoß ze leje

eann Goatt en goure Mann sei losse,
doas huu'n aich felsefest beschlosse!
Dem Motto gelt mei ganz Bestreäwe:
M'r kann aach uhne Ärwet leäwe!

Laure eann leise Teen

Es hääßt: De Ton mächt die Musik!
Goar manche geäwwe do
- eann scheer'n sich naut im die Kritik -
de Ton aach immer oo'.

Ean aller Welt do hiert m'r den,
der kreische dout, de best!
Die Innerteen eann leise Teen
verkimmern do als Rest.

Aich saa' - seälbst wann mir mancher grollt,
der om Verglaich sich stiert -:
Es bleibt, seält wuu de Donner rollt,
e Firzche uu'gehiert!

Verlääje eann verleeje

Aich Durmels-Kopp, aich iwwerzwerjer,
aich ausgemoachte Vuuchelsberjer,
aich sei - doas eaß geweaß keen Sääje! -
im Geäld eann Ausflicht oft verlääje!

Viel dou aich ean mei'm Kopp beweeje,
drim dou aich vieles aach verleeje.
Mei' Fraa, däi schelt mich Niervesääje,
eann alles d'm Verleeje wääje!

Kall, mein Verleejer, eaß degääje
so laichd, ihr Leu', im naut verlääje!
Der dout - woas annern nit vermeeje -
sogoar mei Bichelcher verleeje!

Inhaltsverzeichnis Seite

Im Karl Brodhäcker-Verlag erschienen bisher vom gleichen Autor:

PROST HESSEGEBRÄURER
Oberhessische Anekdoten, Witze und Mundartgedichte

GESAAD EAS GESAAD
Oberhessische Anekdoten, Witze und Mundartgedichte

LAPPE-ÄRSCH
Heitere Gedichte in oberhessischer Mundart

AACH DOAS NOCH!
Heitere Mundartgedichte und Anekdoten in hessischer Mundart

DE WATZ EAM FÄRRERBETT
Heitere Anekdoten und Gedichte in hessischer Mundart

PLASTERSCHISSER
Alsfelder Schmunzelbuch

Beiträge von Lutz Dönges alias Hieronymus Caesar sind ferner enthalten in den Mundartbüchern:

HECKEVIECHEL / NEE, SO EBBES / DIE SPECKSCHWORT / HESSISCH OART